AMAZÔNIA NEGRA

MARCELA BONFIM

Amazônia negra

As imagens da cor do (in)visível

REALIZAÇÃO

FUNDAÇÃO NACIONAL DE ARTES funarte 50 ANOS

MINISTÉRIO DA CULTURA

GOVERNO DO BRASIL DO LADO DO POVO BRASILEIRO

editora IGRÁ KNIGA
2025

EDIÇÃO **Bruno Xavier**
REVISÃO **Ícaro Rodrigues**
REVISÃO FINAL **Nina Meirelles**
PROJETO GRÁFICO **Vinicius Mendes**
CAPA **Nina Meirelles**
CURADORIA DE TEXTO **Lia Krucken**
PREPARAÇÃO DE ORIGINAIS **César Guimarães e Lia Krucken**
CONSULTORIA **César Guimarães, Cynthia Barra, Leslie Denise Beloque e Lia Krucken**
FOTOGRAFIAS **Marcela Bonfim**
DESENHOS **Lia Krucken**

REALIZAÇÃO **Funarte**
Este projeto foi fomentado pelo **PROGRAMA FUNARTE RETOMADA 2023 - ARTES VISUAIS**

[2025, São Paulo - SP]

igrakniga@gmail.com

www.igrakniga.com

instagram.com/igrakniga
facebook.com/igrakniga.ik.5
twitter.com/k_igra

aos encontros, às conversas, às pessoas que
autorizaram serem fotografadas
e que acompanham esse caminho
de palavra e de imagem.

aos lugares que receberam e receberão
*a exposição **Amazônia Negra**.*

SUMÁRIO

Apresentação

O livro *Amazônia Negra: as imagens da cor do (in)visível* surgiu de um trânsito pessoal, de onde pude ressignificar minhas experiências como um corpo negro, com marcas e cicatrizes, para um corpo pensante, cheio de potências e desejos — sobretudo, de libertação dos estigmas.

Chegar à Rondônia foi o passo decisivo para as mais importantes conexões, foi o que me trouxe a capacidade de falar pelo meu corpo, de dizer o que este corpo sente e espera desta experiência terrena.

O livro nasce de pequenas incursões, em que a cabeça, antes repleta de estigmas, dá lugar aos movimentos de uma ***Amazônia Negra*** pulsante e cheia de nuances que se aproximam das minhas. Nasce também de um despertar para uma economia visual, em que o meu corpo e a minha mente são os pilares da casa que preciso reorganizar constantemente — dentro de um sistema que se alimenta da vantagem sobre a cor dessa casa.

São histórias que se movem para um destino comum: o da dignificação, do encontro com possíveis parentes; são afetos que, aos poucos, a cada encontro, foram me levando a lugares importantes da minha própria história, relacionando as experiências do corpo com as novas imagens da cabeça.

Imagens simples e complexas que me fizeram pensar o poder que elas transferem para o ambiente onde estão, do qual fazem parte, e o poder que reverberam em mim.

Unir minha cabeça ao meu corpo foi o princípio mais resoluto de uma dignificação da minha própria existência: ser par de mim mesma e dessas pessoas em quem, de alguma forma, eu cheguei e que chegaram até mim.

Este livro cabe nesses ínterins — ele é uma forma de retirar do corpo e da cabeça sensações que antes não se combinavam, por minhas experiências distorcidas, e que agora, nesta ***Amazônia Negra***, se equilibram. Equilibram-se até pelo letramento de cada encontro: na beira do rio, nas florestas, nas ruas, nos presídios e em todos os espaços que contam abertamente a história negra das Amazônias.

Ter a pele preta e pensar sob esta pele foi uma tarefa árdua: entender onde esses corpos residem e se encaixam na economia, na visualidade, nas cidades, no campo, na floresta, e como esses lugares foram criados e impostos pela história. É mexer em um baú que nem sempre esperamos abrir; mas fazê-lo da forma mais íntegra possível, porque, ao abrirmos esses lugares, percebemos que eles habitam nossos próprios corpos — corpos que muitas vezes não são digeridos pela cabeça, como uma espécie de defesa.

A história da reprodução de muitos de nós para a máquina mercante que não bastou possuir apenas o corpo, mas também a mente. Dissociar a mente do corpo foi uma estratégia que custa, ainda hoje, muitas das nossas causas negras de cada dia. É nesse ponto que o letramento visual se torna algo tão delicado: porque toca nessas feridas abertas e, ao mesmo tempo, aponta para a possibilidade de cura.

Este livro se propõe, assim, a ser mais do que um registro dessas reflexões: é um gesto de reconciliação entre corpo e mente, memória e imagem, ferida e cura, história e presença.

— *Marcela Bonfim,*
Porto Velho, Rondônia, 2025.

Prefácio

Bom Fim à beira do rio.
Batizada Marcela pela mãe do mercado —
uma voz que se ergue das águas sombreadas,
colorindo o que um dia chamaram de escuro.

Em suas mãos, a negritude é alquimia:
um tom fértil que guarda a memória das estrelas e do lodo,
transformando sombra em ouro, dor em semente.
Ela nos ensina que a escuridão também é uma forma
de luz —
que para ver o mundo de verdade, é preciso aprender a ver
em preto.

A Amazônia é sua bússola e seu berço,
suas águas levando seu nome pelas veias da terra.
Ali, onde os rios se encontram, ela nos lembra
que a cor é corrente — e a memória, maré.

Aqui vivem os guardiões do futuro —
os povos do rio e os cuidadores da floresta,
aqueles que respiram no compasso da chuva.
Como sabe Mia, são eles os guerreiros mais ferozes
do clima,
que defendem o planeta não com poder,
mas com paciência, pulso e presença.

Aos ancestrais que traçaram rotas não em papel,
mas em pulsos, ritmos e na geometria do desejo.
Aos que organizaram a sobrevivência cujo amor foi uma
forma de logística —
a ciência de nos manter vivos, conectados e visíveis.
A cada mão que ergueu outra, a cada olhar que reconheceu
um rosto na escuridão.
Aos que caminharam antes do mapa, e aos que ainda
caminharão além dele.

Que este livro se mova como os rios —
fluindo em direção à proteção e à promessa de
futuros melhores,
levando consigo o perfume do amor ancestral por entre
as travessias.

— *Tonika Sealy-Thompson,*
embaixadora de Barbados no Brasil desde 2018.

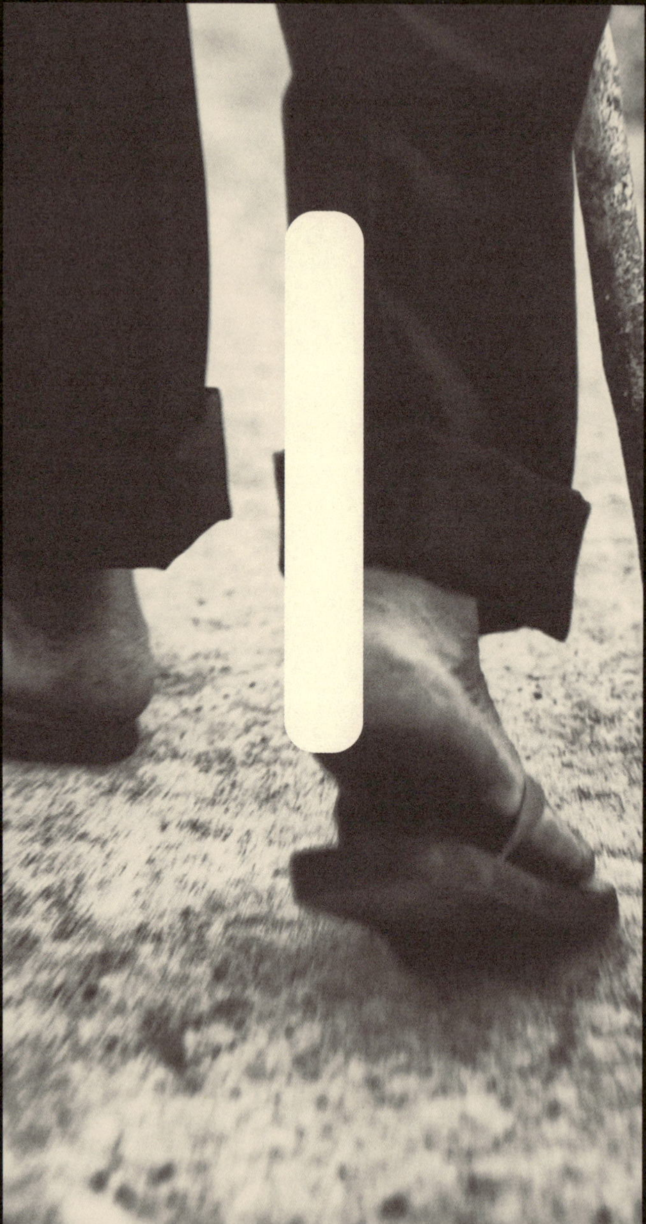

IMAGEM – CORPO – CONTINENTE

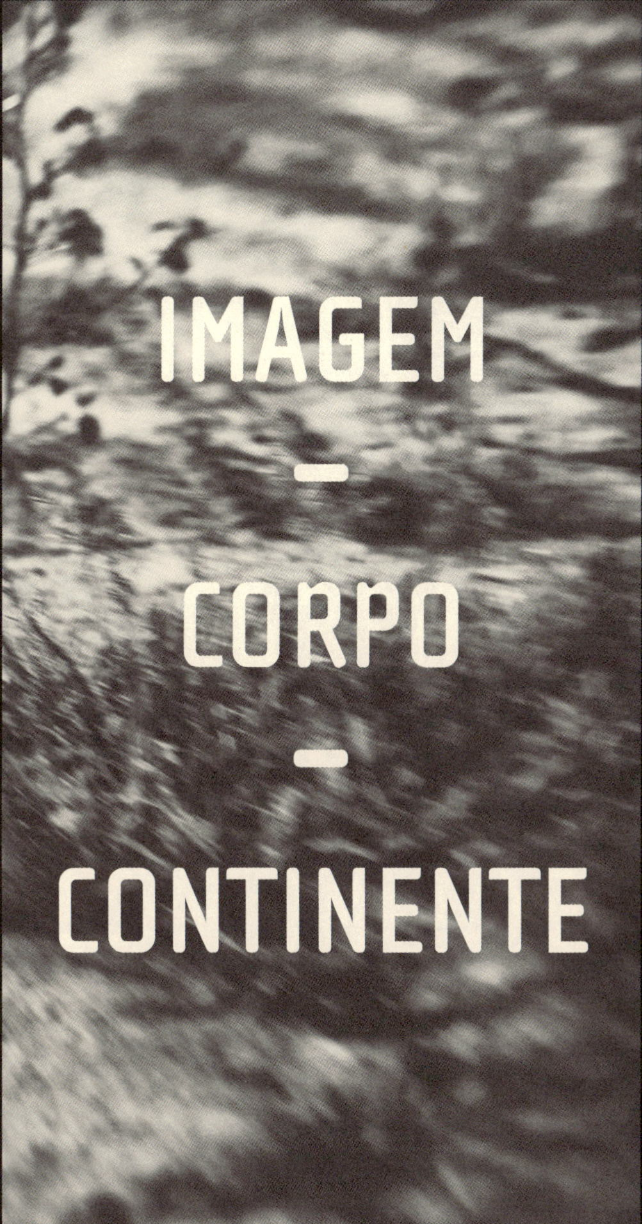

INÍCIO:
UM VOCABULÁRIO À FLOR DA PELE

FORMAÇÕES IMAGÉTICAS À SOMBRA DE UM BRASIL-COLÔNIA

Da multiplicidade dos corpos africanos à imagem de um corpo escuro.
Da imagem de um corpo escuro, a Cor.
Da Cor, a cabeça do branco.
Da cabeça do branco à cabeça de branco.
Da cabeça de branco, o imaginário-estrutural.
Do imaginário-estrutural, o centro e a margem.
Do centro, o branco; da margem, o seu avesso.
Do avesso, o Negro.
Do Negro, o estigma da Cor.
Do estigma da Cor, o mau destino.
Do mau destino, os ditos serviços de preto.
Dos ditos serviços de preto, o lucro do branco.
Do lucro do branco, a expropriação da cabeça e do corpo negro, e dessa expropriação, as benesses do branco firmadas na cultura e na materialidade de um privilégio instalado, garantido e sustentado violentamente no centro de uma vantagem criada às sombras da desumanização da imagem da cor da película escura.

CONSIDERANDO A VIDA UM
VOCABULÁRIO À FLOR DA PELE,
EIS AS IMAGENS CRIADAS
SOBRE A MINHA COR.

A PELE ESCURA: IMAGEM-CORPO-CONTINENTE

É histórico e problemático o movimento de naturalização e chancela das mais diversas e travestidas formas de se opinar sobre a imagem do Corpo Negro, a começar pelos efeitos da colonização no Brasil, com a extrema desumanização da pele escura, aqui aproximada particularmente das quebras da cabeça de uma mulher retinta e recém-enegrecida (pelas vias e dobras de um caminho de abertura à apreensão de memórias, desafetos e incompreensões), em meio a uma Amazônia que também tem se despertado para o enegrecer da sua história.

Ao atravessar a própria negritude em voltas e revoltas, encarcerada nas minhas próprias sombras, estes escritos refletem os impactos sofridos por um corpo-imagem-continente no que se refere às violações, expropriações e estratégias mercantis que sobre ele recaem, e à inferiorização da pele escura forjada pelas estratégias da pretensa superioridade branca.

DIVISÃO E DEFORMAÇÃO DA IMAGEM-CORPO-CONTINENTE

Desde o processo de captura e divisão da "sub-imagem" do continente africano, passando pela dominação e mercantilização dos corpos escuros – classificados e detidos a partir da categorização visual – até a unificação do "Negro", o imaginário privado e social é constituído por lacunas ou brancos que impedem a compreensão da amplitude da África, fixada em linguagens, normas e criações imaginárias universalizadas em prol da Cor branca.

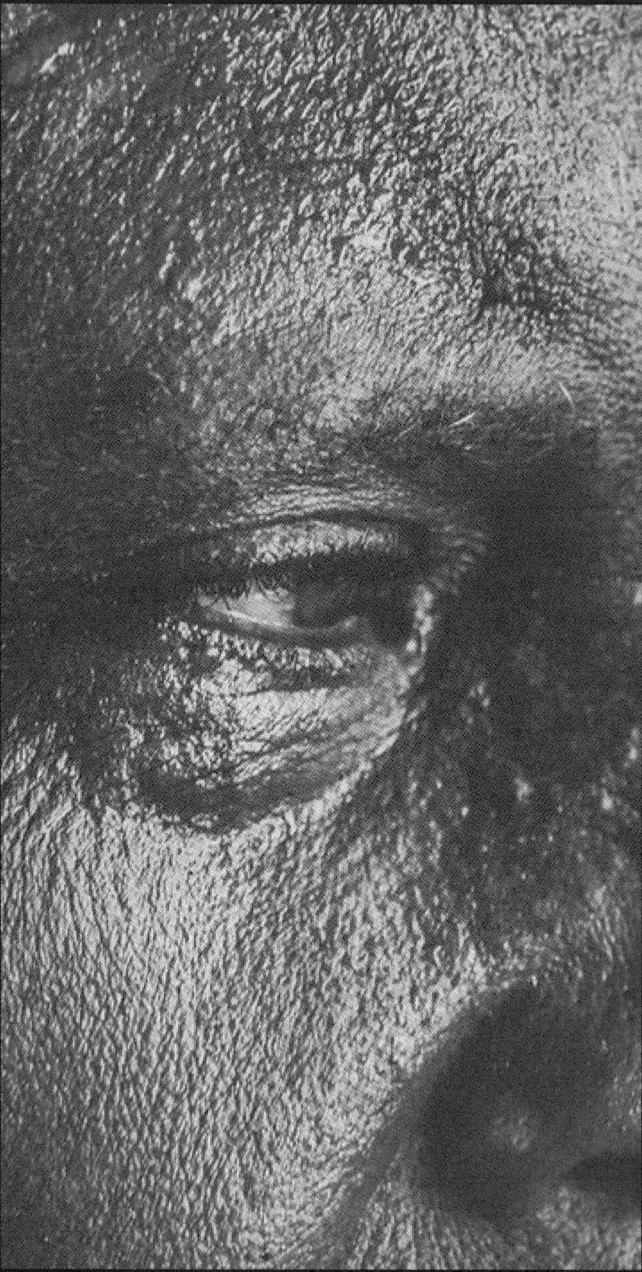

A IMAGEM DA COR

DEFORMAÇÕES MULTIDIMENSIONAIS?

As vias de dominação europeia do continente africano foram justificadas por uma inventada deformidade da Cor da pele africana, sendo empregada não apenas o martírio do corpo físico, como também a contestação do corpo abstrato, em especial a intelectualidade e o conjunto de crenças dessas populações cuja vida foi abreviada pela gênese mercantilista.

Não escapou a essa dominação europeia, mercantilista, a tentativa de capturar as inúmeras dimensões da experiência negra, de subjugar suas origens e tradições e, sobretudo, as potencialidades de suas raízes geracionais, incompreensíveis aos olhos da máquina branca dirigida pelo patriarcado, que reduziu a multidimensionalidade e pluralidade africanas à personificação e à circunscrição de um corpo negro transformado em uma base fundamental do fluxo de rentabilidade das companhias marítimas.

Essa pele negra foi criada com o total interesse de comercialização do seu (não) direito à humanidade.

QUEM INVENTOU A IMAGEM DA COR?

A distinção da pele escura é um fenômeno totalmente radicado na história europeia, edificado durante o período predatório das navegações e movido pelo acúmulo de riquezas e territórios. Essa distinção tornou-se engrenagem fundamental à cruel engenharia mercantil e foi estendida também ao imaginário social, de tal modo que, da contraposição visual estabelecida pelo branco diante do negro, foi deduzido o juízo da "inferioridade" da pele escura.

LADOS DE UMA MESMA COR?

Se a história do Brasil nos ensinou a apreciar o café, nos ensinou também a rejeitar as mãos do plantio, da colheita e do preparo da bebida (escura) que mais tarde tornou o país um Estado industrial. São também frutos das mãos negras as principais transformações sociais e econômicas desse mesmo Brasil.

ENSAIO SOBRE A COR

É a Cor que não deixa falar?
Ou os olhos não querem a Cor?

É a Cor que não deixa falar?
Ou os olhos só querem a Cor?

Foi do negro!
Foi do negro que nasceu a Cor
E o tempo não pode apagar

Lalaiê lá láia ê ê ê

Quantas dores destroem uma Cor?
Quantos corpos lançados ao mar?
Esses corpos mantinham uma Cor
De tão negra, coloriram o Mar
Que o tempo não pode apagar
Foi do negro que nasceu a Cor

Lalaiê lá láia ê ê ê

Quantas dores constroem uma Cor?
Quantos corpos lançados ao mar?
Esses corpos mantinham uma Cor
De tão negra, coloriram o Mar

Que o tempo não pode apagar
Foi do negro que nasceu a Cor

FORMAÇÕES MERCANTILISTAS

A exploração (física e metafísica) do corpo-imagem-continente africano tornou-se, com o tempo, alicerce para os engenhos imaginários-materiais das companhias marítimas – portuguesas, espanholas, inglesas, holandesas, francesas, dentre outras metrópoles europeias em disputa por riquezas. Todas atribuíam ao tom da pele escura as "condições ideais" para o trabalho servil e ampliaram, com violência, a convalidação da inferiorização da pele negra e a subestimação da intelectualidade da cabeça africana.

No Brasil, essa subestimação garantiu, por mais de trezentos anos, a escravização desse corpo-imagem-continente e condicionou o povo negro a ser uma peça estratégica da máquina branca de produção.

MODELO DE TRANSFERÊNCIAS DE RECURSOS

Alocada no centro convencional de um modelo colonial de transferências de recursos, e obrigada a suportar por séculos a condição de fator de produção, à Cor negra restou o reposicionamento da utilidade de sua força motriz, operando, aparentemente, às "margens" de uma engrenagem em plena transformação – com a institucionalização de um capital nacional – mas completamente dependente do imaginário colonial, ao manter as próprias imagens que destruiu (a dos povos africanos), subjugados à flor da pele escura.

Os violentos maus-tratos não somente "valorizaram" as transações comerciais da imagem desse corpo escravizado, como também promoveram o declínio da sua autoestima, submetendo as inúmeras populações a uma introjeção forçada dos estigmas lançados sobre elas pela máquina da brancura patriarcal.

GARANTIAS DE PRIVILÉGIOS

As convenções visuais determinadas pela branquitude trouxeram consigo as dualidades necessárias à criação e à manutenção de um sistema fechado de critérios e conceitos, com efeitos diretos na hierarquização por critérios físicos. Tendo nas imagens da Cor da pele escura um suposto "negativo", a branquitude instaurou a separação entre as humanidades dos corpos, entre escuros e brancos, instaurando também as permanentes e atuais delimitações dos espaços socialmente representados por "Casas grandes & Senzalas", decisivas no processo histórico de promoção da hegemonia da imagem europeia como referência central do modelo.

O CENTRO DA VANTAGEM
AS “MARGENS”
O AVESSO

ISSO, ATÉ OS DIAS ATUAIS

Os padrões escravagistas que configuraram – por imposição – o padrão da Cor desde o século XVI até a contemporaneidade, desenvolvidos e mantidos entre movimentos contínuos e descontínuos, ainda mantêm, no âmbito do imaginário social, o mesmo mecanismo de "pensar por imagens", no qual são situados os sujeitos negros – racializados e presos às condições visuais de subalternização –, enquanto, ao mesmo tempo, asseguram todos os privilégios à branquitude.

PENSAR POR IMAGENS

PARA ALÉM DA EXPLORAÇÃO FÍSICA DA COR

Sendo a imagem da Cor pano de fundo das relações de privilégio ainda vigentes no Brasil, além das aflições físicas vinculadas às péssimas condições de sobrevivência das populações escravizadas, a Cor escura foi condicionada como espectro (psicológico), peça-chave da máquina de exploração europeia. A ampliação das violências (físicas e mentais) infligidas à pele negra tornou-se estímulo primordial para o aumento das transferências de recursos realizadas para as metrópoles.

A EXPROPRIAÇÃO DA CULTURA AFRICANA NAS IMAGENS DO PENSAR

O poder de destruição e exploração da máquina branca extrapolou a violação dos limites físicos e atingiu, sobretudo, as manifestações culturais e a autoestima dos corpos negros, até hoje restringidos pelo pensamento hegemônico sobre a Cor. Essa máquina branca – desde o mercantilismo escravagista até as formas atuais do capitalismo – procura a expropriação total das experiências e promove a subestimação das diversas formas de intelectualidade dos legados ancestrais dos povos negros. Além disso, ao atribuir à imagem-corpo-continente africano a ausência de ideias, escritas e saberes, chancela-se a expropriação de acervos e patrimônios culturais, materiais e imateriais, incluídos nos portfólios da cultura europeia, que não foram devolvidos às memórias de grande parte das nações africanas. Resta a essas populações, ora a impressão de vazio, ora os impactos da subjugação de suas capacidades intelectuais, expropriadas materialmente e imaginariamente.

O ENCONTRO DO AFRICANO COM SEUS PAPÉIS DE NEGRO

A invenção da Cor passou a ser o primeiro encontro do africano com o negro; do próprio negro com ele mesmo; desse mesmo negro com o branco; dele, com o escravagista e com os padrões estéticos não negros. Restou ao negro seus papéis de negro: seja na novela ou num banco, nessas tantas formas de porões desses atuais navios negreiros – tudo isso, plasmado pela História.

A Cor foi, e ainda é, o encontro mais explícito do negro com seus papéis de negro na sociedade. A Cor escura dos povos africanos, desde o século XVI, permanece como modelo estratégico de delimitação de espaços e papéis na sociedade brasileira.

O ENCONTRO MAIS EXPLÍCITO

- ESPAÇOS E PAPÉIS -

A SATURAÇÃO DA COR NO "PENSAR POR IMAGENS"

Com a instalação das hierarquias entre europeus e africanos, elevou-se, "nome por nome", seus ditos conquistadores, enquanto a violência dirigida ao corpo negro – tomado como propriedade – naturalizava o contexto escravagista e institucionalizava a expropriação total de seus direitos. Legislando sob a saturação da imagem escura, essa violência privava os corpos negros do prazer, da liberdade, do amor, da dignidade e, até mesmo, da dor e do cansaço.

Da metrópole à colônia, as relações de poder imprimiam e divulgavam a ideia utilitária da cor da pele escura, valendo-se dela também para planejar e decidir as transferências de riquezas do nascente Brasil.

AS DIMENSÕES ESTRUTURAIS ECLESIÁSTICAS

A pele africana também foi alvo das representações e diligências religiosas, recebendo feições e engenhos próprios ao pecado (associado, de maneira cristalizada, às extensões desse corpo-imagem-continente), igualada ao inferno, ao passo que se abriam à branquitude as vantagens e as portas do céu, em contraposição ao mau destino suportado pelo Corpo Negro, desde o ventre até as páginas brancas da história oficial. Estabelecida como padrão hegemônico e contraposta a toda a potência contida na imagem negra, a brancura – firmada em sua suposta condição de superioridade – submetia a pele escura às suas conquistas: desde o seu corpo até o seu pensar, incluindo suas próprias imagens e origens.

APREENSÃO DA COR NAS IMAGENS DOS CORPOS IN-VISÍVEIS E A SATURAÇÃO DA PELE ESCURA

Na medida em que as populações africanas – de maneira forçada – eram alocadas e realocadas como peças da estratégia branca, atuando dentro e fora da máquina patriarcal, essa máquina fazia da branquitude, mais e mais, um padrão. Primeiramente, ao tomar a imagem negra – saturada e granulada a seus olhos – como o avesso do branco, e, em seguida, por ancorar essa diferença numa língua que normatizava a distinção de Cor. Com isso, o destino da pele escura era submetido a uma violenta expropriação formal de sua existência.

TOMAR A IMAGEM
ANCORAR A DIFERENÇA
NUMA LÍNGUA
O DESTINO DA PELE
SUBMETIDO A UMA VIOLENTA
EXPROPRIAÇÃO FORMAL
DE SUA EXISTÊNCIA

VOCABULÁRIO DA COR NO "PENSAR POR IMAGENS"

Apoiada na mecanização do "pensar por imagens," a instalação da hegemonia da brancura nomeava – conforme as imagens permeadas pela Cor – seus "pioneiros", "desbravadores" e "proprietários", assim como seus subalternos: o "negro" e o "índio." Com isso, produzia-se um violento abecedário de estigmas, capazes tanto de inviabilizar a história e o percurso de ambos os povos subalternizados quanto de validar e superestimar as imagens dos ditos "pioneiros." Estabelecia-se, assim, a formatação de um novo vocabulário escravocrata que distribuía e difundia papéis e destinos, tanto de vida quanto de morte, conforme a Cor da pele, fazendo do estímulo do "pensar por imagens" um campo incomensurável de juízos e sentenças, visibilidades e invisibilidades, lançados sobre os povos negros e indígenas. A distinção das imagens impregnadas pela Cor negra tornava-se a base fundamental para o cálculo aristocrático da vida de privilégios desfrutada por uma minoria que, ainda hoje, lucra meritocraticamente com a visibilidade das imagens por ela arquitetadas, às expensas de uma maioria invisibilizada que realmente produz e cuja representatividade é diminuída em razão da origem de sua pele.

A IMAGEM DISTORCIDA

O NÃO DIREITO

À LIBERDADE DE SER HUMANO AO NASCER, CRESCER E ENVELHECER

O LADO NEGATIVO DO PENSAR

A violenta introjeção do imaginário do colonizador por parte, inclusive, das sucessivas gerações escravizadas, tornou-se o caminho ideal para a estruturação do cabedal de padrões garantidores da supremacia da brancura até os dias atuais. A própria cultura do positivo ou negativo abriu um inventário imenso de chancelas no dia a dia, racializando as palavras e as circunstâncias, onde o certo e o errado, o bonito e o feio, o bom e o mau eram posicionados conforme a distinção entre o branco, tomado como positivo, e o negro ou preto, tomado como negativo.

RE-VOLTAS

AS VIAS ECONÔMICAS DAS IMAGENS DA COR DO (IN)VISÍVEL

As imagens da cor de um corpo engenhosamente des-organizado destinam-no estrategicamente a um lugar espe-cífico na economia: isto é, um corpo visivelmente econômico e também des-qualificável.

Tido como peça-chave desde a sua chegada ao mundo, com seus papéis pré-determinados, o corpo negro, ao mesmo tempo em que foi constituído como um alvo visível, também se tornou a (in)visível engrenagem de um sistema que, até hoje, precisa garantir à sua pele branca o centro da vantagem.

A economia de uma imagem que, por séculos, foi restringida em sua subjetividade e subjugada à visibilidade que lhe foi imposta ainda continua aprisionada nos mesmos papéis, antes de qualquer oportunidade. Até porque as oportunidades estão lastreadas na subjugação da pele negra. A imagem da cor, que arrebata o corpo negro de seus lugares de origem, ora é remetida ao plano da visibilidade, ora ao plano da invisibilidade.

No plano da invisibilidade, são naturalizadas as mazelas estruturais de uma sociedade branqueada e normalizadora, que torna vulnerável a imagem do corpo negro. No domínio da visibilidade, além das convenções que imputam aos corpos negros as más caracterizações, roubando-lhes a humanidade, a imagem da pele escura é destacada em situações de desgaste e degradação.

A utilidade da pele escura foi constituída e organizada em partes, sendo subjetivamente edificada com base na sua invisibilização e também pelo seu avesso, isto é, por meio do estereótipo de um corpo-máquina, desprovido de vontades próprias, desejos e sonhos, objetivamente relacionado a um plano de visibilidade que o circunscreve, historicamente, ao que já ouvimos e enxergamos como "serviços de preto".

O mecanismo do "pensar por imagens", vigente e presente na estrutura psicológica e material da sociedade, orienta, desde os primeiros dias, as posições inversas de uma criança negra e de uma criança branca, fazendo com que ambas enxerguem apenas a frequência visual das colocações estruturais e binárias experimentadas dentro de casa, na rua e nos espaços públicos.

Podemos dizer que uma economia política da imagem de cor dirige uma crítica social aos papéis e características atribuídas à cor negra, que mantêm e regulam o regime de uma coexistência alternada entre um plano de visibilidade e outro de invisibilidade, dirigido pelo capital da branquitude, que assujeita os corpos negros.

É bom de Briga
É bom de Briga
É bom de bola!

Só não gosta
do Rumo da
Escola!

Sociedade
pós-modernidade
É o caminho
da mediocridade

Opinião virou palavra
da verdade
anunciada
Cada notícia
Um Brasil
Uma Nova Pátria!

É tudo igual
É nada igual
É tudo igual
É nada igual

Deu na coluna social!
É bom de Briga
É bom de Briga
É bom de bola!

Só não gosta
do Rumo da
Escola!

Só não gosta
do Rumo da
Escola!

Democracia
Nem Na
Cor
Nem na Palavra!

Cada notícia
Um Brasil!
Uma Nova
Pátria?
Pá-tria!

AO NEGRO, O BRASIL

Para o Negro, nascer e crescer no Brasil tem significado tanto no tempo presente quanto na memória desse corpo-imagem-continente frente a tantas experiências de vida e morte, violentas e exaustivas, atravessadas por inúmeras deformidades provocadas e enxertadas nas lacunas básicas do pensar-se negro, ainda circunscrito a essa imagem controvertida – ora visível, ora invisível – que incide sobre o envoltório negro e que atende aos interesses de uma branquitude que se defronta com a pele africana.

A TRIAGEM DOS BONS MODOS TEM COR

Ao Negro,
uma poesia:
Escravidão,
capitalismo,
pandemias.

Ao Negro,
outra poesia:
navio, escuridão.
Sem direito
à despedida,
mar adentro
se foi.

Ao Negro,
uma outra poesia:
muitos que continuaram
sequer enxergaram
a luz do dia.

Ao Negro,
mais essa poesia:
será o fim
dos tempos?
Ou outro meio
de morte
a cada dia?

Ao Negro,
uma última poesia:
quando tudo
passar,
o que será
da pele escura,
já que achava
que era dia?

(Poesia premiada pelo Itaú Cultural, 2021.)

AO NEGRO, A SOBRECARGA DO CORPO NEGRO

Possuindo uma história interrompida, as experiências gravadas no corpo-imagem-continente, atualmente problematizadas, ainda padecem de uma tensão (interna e externa): entre o não-acesso à identidade de origem, ausente, e os impactos sofridos pelas identificações impingidas aos corpos pretos, escuros, negros. Por exemplo, uma criança negra no Brasil, assim que nasce, já traz nas costas uma sobrecarga – conceitual, imaginária, imagética – de mais de 300 anos de deterioração. Ao crescer, essa criança abafará, além dos martírios acumulados no corpo, o apagamento quase total de suas raízes, contrastadas à flor da sua pele.

AO AFRICANO, O CORPO NEGRO

Por meio de cortes profundos e contínuos, da carne negra era retirada, aos baques, pelo engenho da brancura, o direito à identidade, à memória, aos espaços e às experiências de liberdade, afeto, prazer e dignidade. A obstrução absoluta da condição de humanidade das populações negras, a extração global do sentido de positividade e autonomia das extensões do corpo-imagem-continente-negro e a desapropriação total das personalidades e pluralidades africanas – estilhaçadas e geridas no pensar (e no pesar) de homens brancos-estrangeiros –, a exposição de uma imagem-corpo-sentido era capturada pelos recortes e domínios patriarcais.

DO CORPO NEGRO, O SUPORTE AVESSO

Ante a luz, a Cor branca revelava-se, mas apoiada em um suporte (criado) negativo, totalmente condicionado pelas vias da produtividade colonial e pelo domínio particular das hierarquias, sempre adaptado ao penhor dos privilégios disputados pelas castas reprodutoras do padrão branco-patriarcal. Os holofotes continuamente dirigidos à pele clara, metodicamente contrastados ao seu avesso racializado, traziam todas as benesses à branquitude.

AO SUPORTE AVESSO, O NEGATIVO

Ao africano – no ampliar das violações às suas extensões – restara somente as duras penas, e o pesar de um Corpo Negro, completamente imerso na estrutura racializada do poder e do pensamento dominante. Desse modo, as imagens-palavras-sentidos eram normatizadas de acordo com o agenciamento contínuo de contrastes (desiguais), entre o exposto-padrão-normativo (branco) e seu suporte-exposto-padrão (negro), seu avesso, o lado negativo da história-imagem.

RE-CONSIDERAR E SEGUIR?

Foi na rua que me deparei com as minhas próprias sombras e luzes. Ao contrário do sentido convencional, a luz me afastava da realidade, ofuscando o que, de certa forma, eu não queria enxergar: as barreiras e a falta de acesso à dignidade. A princípio, minha tarefa consistia em apenas visualizar as ruas, a partir das tantas desigualdades que encontrei. Mas essa primeira experiência (firmada unicamente na visualidade) não me levou a compreendê-las.

Hoje percebo a necessidade de ressignificar o que houve ali, naquelas muralhas, do lado de dentro da minha cabeça. Sobretudo nos covis imensos e calados, muito bem construídos por mim, em divisórias, grandes e pequenas: como o mundo externo me devolvia a minha imagem? De tudo, é importante ressaltar que foi a minha criança que chegou até essa cabeça, e foram essas defesas que me trouxeram até aqui. As imagens que me chegavam à cabeça eram as voltas em torno de uma muralha feita de pedra e projetada de branco por fora; a cor de dentro eu não via, mas também projetava o branco; ali era o meu palácio. Palácio feito de muralhas que se acomodaram com o tempo das ilusões.

As imagens que encontrei na rua também eram minhas. Sônia Maria (*in memoriam*), uma moradora do centro de Porto Velho, me ofereceu um encontro (comigo mesma), que aconteceu na porta de um banco. Sônia lutava pela sobrevivência e por sua imagem, não por querer encontrá-la, mas sim para não perdê-la em meio a tantos estigmas impregnados em seu corpo; enquanto eu buscava me afastar das ilusões que preencheram toda a minha infância e a adolescência.

ERA EU

À Sônia Maria, in memoriam

Saindo de uma porta de um banco,
fui surpreendida por mim;

Era um negro!
Era um negro!
Era um negro!

Uma negra!

Uma negra!
Que olhou para mim,
Ô meu Deus!

Uma negra,
que disse para mim:
ali era eu!

Ali,
era eu,
ô meu Deus!

Um corpo negro,
alheio,
também é o meu,
Ora iê.
A consciência perdida
da pele,
também era eu

Sozinha está;
eu também.
Perdida está;
eu também;

No Porto Velho,
invisível, esperando...
aquele trem.

Aquele trem,
ô meu Deus!

Aquele trem…

Uma memória de infância sobre as ilusões. Eu quase não sentia o volume do peso da sacola que carregávamos pelas viagens feitas ao Paraguai, eu e minha mãe, duas trabalhadoras do mercado de sacoleiras. Quando me aproximava dessas ilusões, eram como luzes que ofuscavam as barreiras do caminho.

Aos passos e quebras, o racional abria espaço para o que sobrava dessas muralhas derrubadas pelas sombras que eu passei a admitir, criando lacunas que apareciam em movimentos espontâneos e também desapareciam com os mesmos movimentos.

A imagem é um grande mundo de incertezas para quem habita uma pele condenada. Ocupando o lugar de quem sempre é alvo, um campo de constantes reprovações, em uma prova que já fazia sentido e apontava para as profundas lacunas de minha compreensão, eu já enxergava essas quebras como guias da minha própria ignorância. Mas se não fossem as sombras, eu poderia cair sem vê-las, e continuar no mesmo lugar como antes.

Viver as imagens que criei de mim na minha própria cabeça me tornou uma negra de cabeça embranquecida. Agora, as sombras chegavam para me enegrecer.

As sombras passaram a ser guias, ao mesmo tempo em que Izaías (*in memoriam*), um amigo que conheci pelas ruas de Porto Velho, me dava conselhos. Izaías tinha a minha idade, mas a experiência de quem nasceu, viveu e morreu na rua fazia dele um livro a céu aberto, no qual eu questionava as minhas sombras sem temer.

O preto velho
diz: "aí
camarada,
com quantas Ruas
o Meu Rio
dá na praia"?

Menino velho.
Cara de novo;

No seu país,
não vale ouro.
Menino velho.
Cara de novo;

No seu país,
não é tesouro;

Diz aí, Izaias!
Diz aí!
Ô, diz aí!
Diz aí!

Diz aí, Izaias!
Diz aí!

Ô, diz aí!
Diz aí!

Diz aí...

As sombras que me traziam dor e medo, ao mesmo tempo me davam a oportunidade de uma outra escrita. Uma escrita vinda das sombras, enquanto as minhas quebras eram cada vez mais conscientes, e vindas de dentro de lacunas cada vez mais profundas.

Lacunas de uma cabeça que soava como um infinito de redemoinhos, enquanto eu apenas sonhava em existir como uma partícula que se traduz na ideia de não ser mais uma imagem, mas sim um sujeito.

Quantas imagens existem na ideia de imagem? E quantas imagens estão impregnadas na criação da cor da imagem de um corpo?

Escrever a partir das sombras não foi uma opção. Foi a condição para a quebra de tantas muralhas encontradas nesse caminhar pela cabeça, a fim de que eu pudesse ao menos entender o que seria possível surgir de uma lacuna. Foi como dar uma forma a um espaço vazio, que um dia foi maior do que eu mesma.

Entre o tempo e o espaço, as quebras da minha própria cabeça surgiam, agora, em frações de memória, em resposta aos impulsos do corpo, trazendo das sombras os sentidos mais próximos, muitas vezes assumidos em movimentos de dúvidas, com o corpo indo e voltando. E eu revivendo os porões internos do meu navio. No embalo de um samba, surgia a primeira reação deste caminhar.

Ah,
Se o mundo todo
me pudesse ouvir!
Eu cantaria ia, ia
a mais doce das canções
pra ver...

Pra ver a tristeza sumir
e agradar
meu coração.

Sei que não é
possível; sei que é
pura pretensão.

Por isso,
meu amigo,
levo no peito
no coração
O mais profundo
Silêncio,

Ou a
Intuição.

Só eu tenho
O meio de
reger
pela imaginação.

Ah,
se o mundo todo
me pudesse ouvir!

Eu cantaria ia, ia
a mais doce das canções
pra ver...

Pra ver a tristeza sumir
e agradar
meu coração.

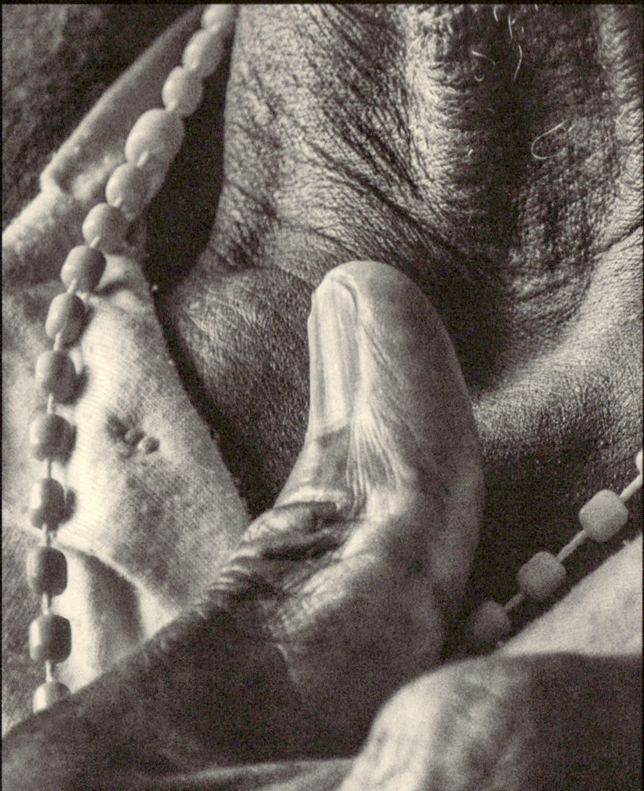

DIALOGAR

DIALOGAR COM A POTÊNCIA DO ENCONTRO

Ao dialogar sobre um processo particular de reconstrução de um imaginário, também exponho as imagens dos primeiros encontros com a autoestima, com a empatia e com as potências do ir além dos olhares.

O encontro com uma Amazônia da cor da minha pele, diferente do que eu imaginava, me permitiu acessar lugares que nunca pensei que existissem; lugares que nunca pensei habitar com tanta intensidade e afinidade.

DIALOGAR COM A AMAZÔNIA: IDEIA OU LUGAR?

Amazônia, como ideia, é uma série de relações criadas à distância; por essa voz se dá o eco, de fora para fora, formando imaginários sobre o lugar, que é disputado pelas mentes de ontem e de hoje, todas orientadas no sentido de colonizar. Além de repercutirem seus interesses na devastação desse território, perpetuam desigualdades por meio da estigmatização e, em consequência, a ocultação das mais diversas realidades (e mundos) existentes na região.

DIALOGAR COM O LUGAR

Vivenciar os lugares — esses muitos lugares — que constituem a Amazônia, me despertou a consciência das diversas invisibilidades, cultivadas nesses territórios, quase todas relacionadas aos povos originários; aos indígenas que vão sendo "apagados no tempo" e suplantados pela ideia e pelos ideais dos recém-chegados "pioneiros" — numa tentativa neocolonial de cristalizar um marco zero, posterior à história das origens da Amazônia.

Na tentativa de esvair suas memórias e legados ancestrais, muitas populações indígenas têm, diariamente, seus corpos e cabeças ofuscados.

Os ciclos econômicos contribuíram para o achatamento e usurpação da memória local, sendo destacados na camada superficial por meio da ideia de desenvolvimento.

DIALOGAR COM RONDÔNIA

Tocar na presença e no legado das populações negras na Amazônia significa apropriar-nos de parte fundamental que é a história de Rondônia, espaço tão marcado por estigmas, e agora reposicionado ao centro do debate da "Amazônia negra", inclusive também por ter sido submersa à escravização da humanidade dos corpos africanos, com a presença deste corpo na segunda metade do século 17.

Na historicidade do branco, a região amazônica passou a ser considerada uma estratégia para as suas defesas, onde se arquitetava a construção de uma fortaleza, o "Forte Príncipe da Beira". Hoje, um quilombo marcado de memórias e legado destas populações negras.

À época, Rondônia era um território dividido entre o Amazonas e Mato Grosso, ambos demarcados a partir da atual capital, Porto Velho.

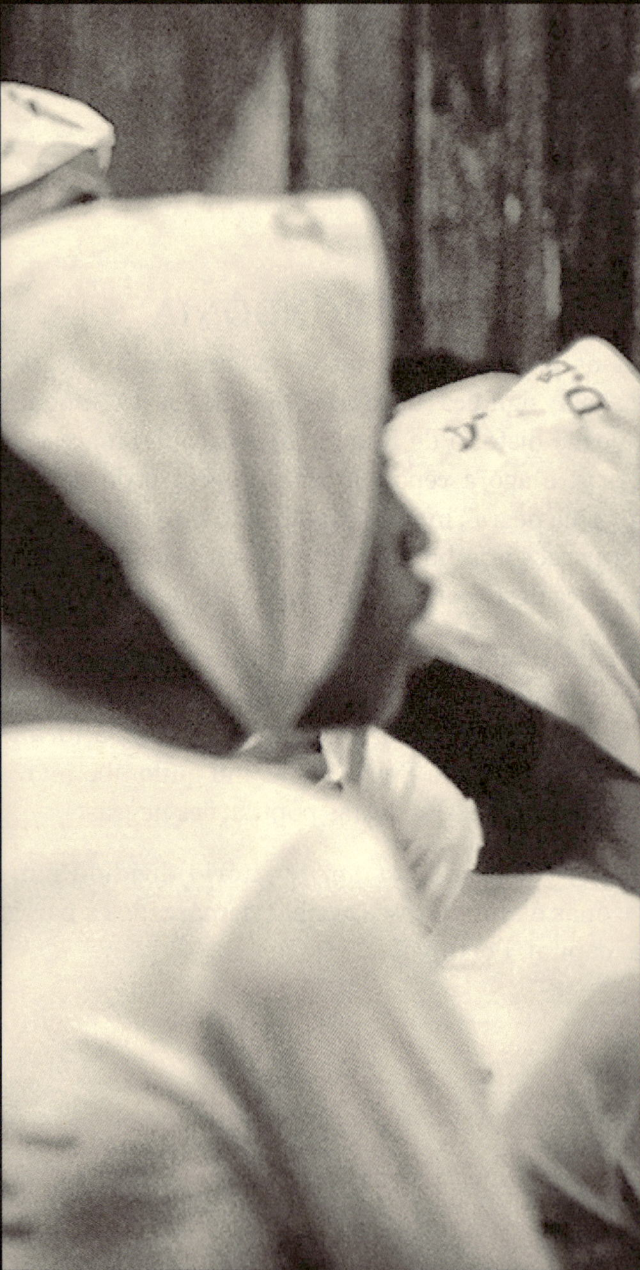

QUEBRAR

A NORMATIVA IMPOSTA PELO COLONIZADOR

O mesmo modelo que customizou as imagens da nomenclatura Brasil expandiu seu sentido e o atribuiu também à Amazônia e à Rondônia. A história de hoje é contada sobretudo pelas imagens do desbravador e do dito pioneiro: o suposto ato da conquista levou a uma ampla usurpação territorial, que compreendeu também a imposição de seus ideais e costumes como referência a seguir.

Essa perspectiva — imposta — desconsiderou completamente as construções edificadas no espaço e no tempo, ainda (re)existentes: aquelas dos povos originários, com suas diversas populações; a secular presença negra, além de toda a diversidade cultural construída a partir do encontro entre esses dois povos. Convertida na ideia de reserva a partir de espaços compartimentados, a terra ganhou sentido político e econômico na extração de riquezas e de recursos em geral, produzindo uma regionalização geopolítica de recortes desiguais de um Brasil feito de vários Brasis, ainda invisíveis. Assim foram organizados os deslocamentos populacionais que serviram à estratégia dos "desbravadores" e "pioneiros", sempre com foco na extração de recursos, tendo no ouro a dinâmica de um ciclo que dura até hoje, com grandes deformações sociais.

RESSIGNIFICAR A NORMATIVA PELO LADO NEGRO DA HISTÓRIA

Entender o outro lado da história é perceber os deslocamentos negros na região, não apenas pelo lado da economia, mas principalmente por meio do legado da cultura, com a migração das populações da região Norte do Brasil, como o Pará e Maranhão, e também da região Nordeste, como o Ceará, Bahia, Pernambuco e outras localidades, nos períodos conhecidos como "Ciclo do Ouro" e "Ciclo da Borracha".

Um auge cultural para a região foi a imigração dos negros caribenhos que participaram, no início do século, da construção da Estrada de Ferro Madeira-Mamoré e da institucionalização de serviços públicos como educação, saúde e outras políticas de base para a região.

Atualmente, os aspectos culturais se ampliam com a chegada e passagem dos haitianos e venezuelanos, que tornam constantes os fluxos imigratórios em Rondônia.

AS QUEBRAS DAS IMAGENS ASSUJEITADAS

Os impactos da chegada das populações negras caribenhas a Porto Velho provocaram, de imediato, significativas rupturas no fluxo das imagens assujeitadas pregadas no corpo escuro. Surgiram outras imagens, que se apresentavam por si mesmas, mais autônomas, vindas de outras experiências, visivelmente alinhadas aos percursos da população negra caribenha, principalmente na exposição de suas potencialidades. Elas traziam para o centro as necessidades da localidade: a cabeça de negro apropriada pelo empreendimento da Madeira-Mamoré, na educação e na saúde, aos poucos encaixadas na métrica e nos espaços daquele tempo em que a Amazônia ouvia *blues*.

A CABEÇA DE NEGRO NA AMAZÔNIA

Ao expor a “Cabeça de Negro”, de Jesuá Johnson, conhecido como Bubu — filho de pais caribenhos, nascido em 1951, na cidade de Porto Velho, em Rondônia, onde se enraizaram seus avós no início do século XX, colaboradores da Estrada de Ferro Madeira-Mamoré —, remontamos as possíveis imagens e impactos das quebras de um imaginário social particular, aos poucos irradiado por fissuras na própria dinâmica do pensar as imagens negras daquela época, uma vez que os corpos escuros ainda padeciam radicalmente das violentas opressões e das limitações do recente período pós-escravidão.

PENSAR A EDUCAÇÃO

Maior que as dificuldades e as barreiras experimentadas cotidianamente pelas famílias caribenhas era a postura e o engajamento dessas mulheres e homens na exaustiva comprovação de suas habilidades. Além da superação das barreiras da língua e da cultura, sempre tendo como norte o acesso dos filhos à educação, elas e eles atravessaram duas gerações em uma jornada puxada. A senhora Elvira e o senhor Norman Johnson, pais de Bubu, pouco a pouco formaram 13 dos 16 filhos nas principais instituições públicas de ensino do Brasil — todos retornados, contribuindo para a vida da cidade com suas formações acadêmicas e atitudes politizadas.

A EDUCAÇÃO E O FLUXO DA GERAÇÃO DOS ANOS 1980

Na década de oitenta, Bubu Johnson, da terceira geração de sua família, formou-se em Educação Física na cidade de Cuiabá, no Mato Grosso. Na mesma época, seu irmão, Norman Johnson Júnior, tornou-se bacharel em Matemática, no Rio de Janeiro, para onde as viagens podiam durar semanas, o que representava um novo desafio para os jovens netos. Agora, estudantes em outras capitais, eles se depararam também com outras narrativas engajadas em movimentos de afirmação da identidade negra no Brasil.

A efervescência dos encontros entre os jovens negros recém-formados em outras capitais e que regressaram a Porto Velho trouxe, nos anos 1980, a nítida imagem de um "corpo negro pulsante", agora sintonizado com a cabeça enegrecida de onde ecoavam as potências artísticas, no levantar de um movimento ressignificado de "Cabeça de Negro", que deu origem às primeiras gerações ativistas negras do Estado.

Os anos oitenta foram um marco para a representatividade negra em Rondônia, demarcada com a contribuição de outras raízes — do Maranhão, Pará, Mato Grosso, Bahia, Ceará, Rio de Janeiro, São Paulo e tantas outras localidades — que convergiram em busca de seus potenciais e de sua dignidade, perfazendo fluxos próprios de imagens-referências e inspirando outros corpos negros que chegavam à terra.

CONECTAR COM O FLUXO

Me reconhecer nesse diálogo com Rondônia é também considerar a minha história e o movimento de um fluxo migratório da região. É considerar também um corpo negro em movimento pela busca de um melhor encaixe, isto é, por um pertencimento. Rondônia me proporcionou isso. Me abriu a um afeto que pensei não ser possível experimentar na vida sendo uma mulher negra.

AFETO É TEMPO, DESAFETO É PRESSA

A relação distendida de tempo em Rondônia me proporcionou o espaço suficiente para o exercício dos encontros, em que cada relação se tornou mais que um movimento, transformando-se em valiosas referências para a vida.

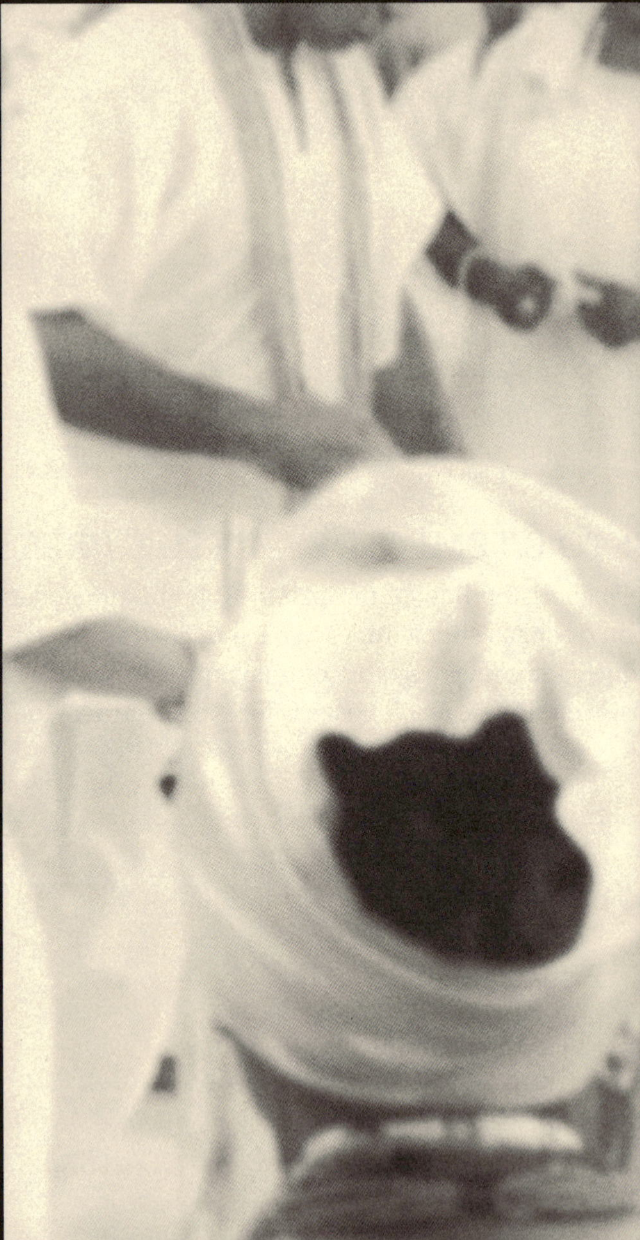

AS VOLTAS DAS IMAGENS DA COR DE UMA CABEÇA DE NEGRA

OLHAR?

Olhar não é mais como antes: seja de mim para fora; de mim para dentro; de mim para a minha Cor; ou desta Cor para a Amazônia. O olhar se abriu, navegando por um roteiro distante no espaço e no tempo, até se aproximar do reflexo (quando me vi no olhar do outro, daqueles que me olhavam como um dos seus). Nesse reflexo, as imagens deram voltas refletidas em torno da (des)construção de uma cabeça posta entre o espaço e o tempo e deram a ver, na Amazônia, a dignificação da própria identidade negra desde o ano de 2010.

OLHAR A REFERÊNCIA

Antes, o olhar era uma via de encaixe social: como ter uma boa aparência? Ou: como conquistar um emprego? Ele era um esforço para me enquadrar nas normas sociais vigentes. Hoje, ressignificado, o olhar jamais me levaria a esses lugares — muito menos dignamente.

OLHAR ILUSÓRIO

A meritocracia, essa muralha, ainda permanece; a ilusão mais nociva a uma cabeça de negro. Antes, ela estava presente em todos os meus discursos, feito uma logística sistemática. E eu a reproduzia sem notar, falando pela cabeça de branco o tempo todo, preenchida por parâmetros e regras exteriores, impostos de fora para dentro. Assim, perseguia exaustivamente algo externo a mim, mas colocado dentro de mim, feito uma religião. Às vezes, aparentemente, tinha a sensação de proximidade com isso que deveria, pretensamente, alcançar. Mas quando eu chegava perto, isso sempre se mostrava outra coisa, o que me abalava fisicamente e também afetava a minha cabeça, me afastando cada vez mais da pele, dividindo meu corpo, que buscava espaço instintivamente, mas com a cabeça errada: era a cabeça de branco que me governava, inclusive nas limitações que eu sentia.

OLHAR NÃO DESEJADO

Chegar a Rondônia significava, sobretudo, confrontar os longínquos ideais. Eram necessários outros olhares, mais reais e mais próximos. Era preciso, inclusive, reduzir a noção tóxica de distância, já fixada na cabeça que marcava, exaustivamente, a relação entre as luzes da cidade de São Paulo e as sombras do novo lugar, Porto Velho; a consciência calculava a necessidade de se saber em um lugar não desejado.

OLHAR DISTANTE

A sensação de solidão inundou, por muitas vezes, a minha mente e me distanciou ainda mais de tudo. Inclusive, da ideia de eficiência do diploma recebido pela PUC-SP, agora nas mãos de uma mulher negra, Bacharel em Economia, não absorvida pelo mercado de trabalho.

No entanto, finalmente, abria-se também, a partir dessa frustração, novas questões, sobretudo em relação às minhas referências, que até então não se mostravam tão a meu favor. Uma outra relação entre distância e proximidade surgia: era uma nova realidade.

OLHAR O TEMPO

Com o tempo, encontrei outra disposição para lidar com a distância. Já conseguia distinguir o modo como vivia antes do então, do agora. As manhãs surgiam muito cedo, as tardes se estendiam ao longo do dia e as noites se aproximavam bem depois do colorir do céu. E que céu!

OLHAR O RITMO DO TEMPO

O Tempo que mata
é o Tempo que morre.
A dor que não passa
vira lixo,
vira lata,
depois
morre!

Passa Amor
Passa Dor
Passa Tempo

Vai passar!

E nele, a gente.
A gente nele.
E nele, a gente.
A gente nele.
E nele, a gente.
A gente nele.

Contando as horas passar

E nele, a gente.
A gente nele.
E nele, a gente.
A gente nele.
E nele, a gente.
A gente nele.

Contando as horas passar.

O tempo passa
no infinito,
num instante.

Um pedaço
de Tempo
que eu possa degustar,

degustar!

Sem medo,
porque o medo
era estrada,
era esteio

De quem morre
Morre-vive
Vive-morre.

Contando as horas passar.

Não há medo
que não passe
com o Tempo,

como é o caso do desejo.
Enfim,
dei por mim:
vai passar!

OLHAR INTERNO

Admitir a frustração: tal como alguém que toma distância em relação ao que não quer mais. Encerrei o rol de ilusões em relação a São Paulo, diante da necessidade de (re)conhecer o que a cabeça não conhecia. Afinal, tudo parecia mais real. Com o tempo, me aproximei do mundo interno e das distantes emoções daquele período, muito embaçadas e divididas entre choro e raiva. Tive o tempo suficiente para senti-las, nomeá-las e dar vazão:

Quem chora
se torna água.
Escorre a mágoa,
deixando Ser.

A dor que corrói,
a água lava.
Gosto do sal,
novo Amanhecer.

Como o Mar
tem gosto
de chuva.

Como a chuva,
o salgado do Mar.

A água que desce
lavando a alma

de quem se desaba
a caminho do Mar.

Eu sou
Eu sou
passageiro do barco.
Eu sou,

sou o lamento
da água salgada

a caminho do Mar.
Navegante, eu vou

meus olhos
têm gosto de chuva,

alimentam a sede
do Mar.

Como o céu que semeia
as matas,

os olhos retratam
a sede de Amar
a caminho do Mar.

OLHAR AS SOBRAS

Dar nomes às coisas foi um meio de encurtar as distâncias internas, como um exercício de sobrevivência. Aos poucos, eu enxergava a raiva; e nela, a insatisfação que me impedia de compreender o que havia à minha volta. Não sendo o lugar escolhido, Rondônia era, naquele momento, nivelada a uma sobra. E eu tive que lidar, diariamente, por um pouco mais de um ano, com essa desconfortável sensação: o que havia restado de mim?

OLHAR AS VOLTAS

A pequena capital aproximava os corpos. Enquanto eu ia conhecendo os lugares, sempre procurava circular pelos mesmos espaços. E já no primeiro ano, me matriculei; era o curso dos sonhos: Filosofia, pela Universidade Federal de Rondônia. O gosto de ser uma aluna de instituição pública, e como portadora daquele diploma que havia me frustrado. Era uma quebra importante na insatisfação que eu trazia comigo. As voltas cresciam, e o olhar também. Era importante conhecer por dentro, às voltas.

OLHAR POR DENTRO DAS VOLTAS

As voltas pela cidade eram abordadas sempre pela curiosidade, minha e a alheia, toda vez que eu saía, principalmente circulando pelo centro de Porto Velho. Alguém me identificava como uma barbadiana? Uma Johnson? Uma Maloney? Shockness? Afinal, o que havia por dentro dessas identificações?

OLHAR A FREQUÊNCIA INTERNA DAS VOLTAS

Da frequência às voltas; das voltas à identificação. Foi necessário considerar o que era referência importante para a cidade, e era ela mesma que me apontava isso, continuamente, insistentemente. Afinal, que contato era esse que a cidade fazia comigo? Resolvi perguntar a uma amiga, Margot Paiva, grande artista visual. Então, ela me devolveu essa referência, como um primeiro estalo na ideia: tratava-se das *famílias tradicionais de Rondônia.*

OLHAR A CABEÇA DE NEGRA

Moça do Bonfim, 2012; Margot Paiva; Coleção Red Margot.

OLHAR AS LACUNAS DA IDEIA

A Amazônia, vista de São Paulo, era apenas uma ideia fixada; e tirá-la da cabeça consistia justamente em me distanciar das luzes desse juízo ofuscado e me aproximar das sombras. Ainda existia na cabeça muitos espaços vazios, embora já abertos e circulantes pela cidade. Eu já percebia a existência de corpos escuros, e era reconhecida através deles e por eles, e por nome. Refletidos no meu, os corpos escuros ganhavam relevo. E eu, aos poucos, perdia a ideia (das coisas que pensava antes) e ganhava o lugar.

OLHAR POR DENTRO DOS CICLOS

Encontrar a Amazônia da cor da minha pele foi como virar de ponta-cabeça um copo raso de água; e dali, chuva; e muita chuva; era fevereiro, ápice do inverno amazônico; e eu chegando no fluxo das águas. Aos poucos, a ideia anterior de Amazônia, trazida de São Paulo, fixada, se esvaía na convivência com as águas e na observação do Rio Madeira: como ele era imenso, e também muito disputado. Naquela ocasião, estavam sendo construídas duas hidrelétricas, confrontadas pela cidade. O cotidiano sofria o impacto dos recentes empreendimentos econômicos, e eu ia conhecendo a história aos pedaços: o ciclo da borracha, a construção da estrada de ferro Madeira-Mamoré, o garimpo, agora ofuscados pelas usinas hidrelétricas. Outro ciclo se iniciava, como me apontava a cidade.

OLHAR A PRESENÇA DA COR

Finalmente, o encontro com os primeiros barbadianos! Os irmãos Norman e Jesuá Johnson. Ali, naquele instante, ocorreu um deslocamento físico da ideia, um outro estalo; e quem clicava, agora, era eu. Uma potência de imagem. Foi um passo à frente, e as voltas se completavam. E dali mesmo surgiam outras questões, outras voltas e presenças. Havia outras imagens da negritude, alertava Ana Aranda, jornalista, companheira de Jesus (o Bubú) e uma grande amiga. Os irmãos Norman e Jesuá Johnson me apresentaram o reduto da música na cidade, o Mercado Cultural. Norman, com seu violão de sete cordas, criava espaços para Jesuá, que cantava a cidade e o Mocambo. E eu já ia me (re)conhecendo como parte significativa de uma presença agora visível, também tocada pelos arredores da cidade. Era o tempo de considerar essas reais presenças negras.

OLHAR E CONSIDERAR A PRESENÇA DA COR

Os barbadianos deram o primeiro estalo de uma quebra visível na minha cabeça. E dessa quebra, vieram outras quebras, sucessivas, estalos ou cliques que cada vez mais me abriam as voltas. E nessas voltas os olhares também se abriam. Eu considerava atentamente o que via. Eram corpos-identidades, sem contar os tantos costumes que já eram parte da cidade. E eu ali, usufruindo do que os olhares me ofereciam.

OLHAR AS VOLTAS DESSA COR

No terceiro ano em Porto Velho, passei a viajar. A insatisfação havia voltado. O trabalho até então fixado na cabeça como objetivo, agora me pressionava; tinha que ser proativa, tinha que produzir e me mostrar disponível o tempo todo. O cargo assumido na Secretaria de Assuntos Estratégicos do Governo do Estado de Rondônia me esgotava. Não havia reposição de energias ali. Era uma verdadeira máquina de minar aspirações, e as concorrências, desleais. A minha cor, sempre chegando antes; e depois. Eu juntava o que restava da fé naquele espaço, mas apostando, principalmente, na sanidade da cabeça e nos encontros fora daquele ambiente.

OLHAR OS MOVIMENTOS (IN)VISÍVEIS DAS VOLTAS DESSA COR

A fé era um processo urgente; eu já pensava em desistir daquele trabalho e daquele salário, que me possibilitava viajar na companhia da câmera. Eu sentia a pressão dos dois lados. E no meio, a pergunta: quanto tempo demora o negro para se firmar na vida diante desse mundo (in)visível? Eu já me sentia um pouco mais consciente no ambiente de trabalho. Ora me percebendo visível, ora invisível. Isso era conveniente para o ambiente de trabalho, mas não para mim, pois criava dificuldades para a minha pele e ignorava os potenciais da minha cabeça. E, por mais de cinco anos, me fez mal perceber minha imersão nesse movimento oscilante entre visibilidade e invisibilidade.

OLHAR O SENTIDO DO JOGO NAS VOLTAS DA COR

Virar o jogo era ter encontros mais saudáveis. Já havia comprado a câmera. Quem me deu esta oportunidade de experimentar a fotografia foi Michele Saraiva, ao me possibilitar uma tarde livre com sua câmera no local onde nos reuníamos aos domingos, no Parque Circuito. Eu já me encantava com as imagens; principalmente, com os encontros e as relações que alcancei proporcionados por essas imagens. Dali, o tempo e o espaço; e da Cor, a vivência. O retorno; ou o tombo. Tudo me abrangia como uma roda, girando para dentro e para fora, ao mesmo tempo. Uma energia pulsante. Era quando eu sentia dignidade.

OLHAR OS SENTIDOS DAS VOLTAS DA MINHA COR

No quarto ano, resolvi descrever os círculos da minha cabeça a uma amiga, Cintia, que eu havia conhecido na Bolívia, numa viagem feita com minha mãe, Marta. Fomos à Ilha do Sol, estávamos cercadas pelo lago Titicaca. Eu pensava em tatuar a minha pele, e Cintia me contou sobre os símbolos Adinkras. Eu vendia tecidos; então, busquei as imagens. Entre as diversas informações que encontrei sobre os diferentes símbolos Adinkras, fiquei com o símbolo do retorno. Queria pregar em mim esse movimento. Precisava ter comigo aquela sensação pulsante e circular, me lembrando dos momentos em que eu sentia tudo junto: a força, a firmeza e a dignidade que os encontros me causavam.

OLHAR AS PRISÕES INTERNAS

O presídio foi um lugar de força; o Teatro O Topo Do Mundo foi uma volta na cabeça, e mais que um clique. Passei a ser voluntária de um projeto de reinserção de apenados, e caía junto no teatro interno, me (re)conhecendo nas histórias deste teatro. Eram narrativas de homens, em diferentes papéis, mas que sempre partiam das suas experiências de crianças feridas, como no instante do tapa na cara dado pelo pai, em repreensão ao filho que apanhou na escola, até o momento do crime e do julgamento desses filhos do pai; agora, aprisionados pelo próprio mundo patriarcal, sob seu jugo.

AS (RE)VOLTAS DA IMAGEM DA COR DE UMA CABEÇA DE NEGRA

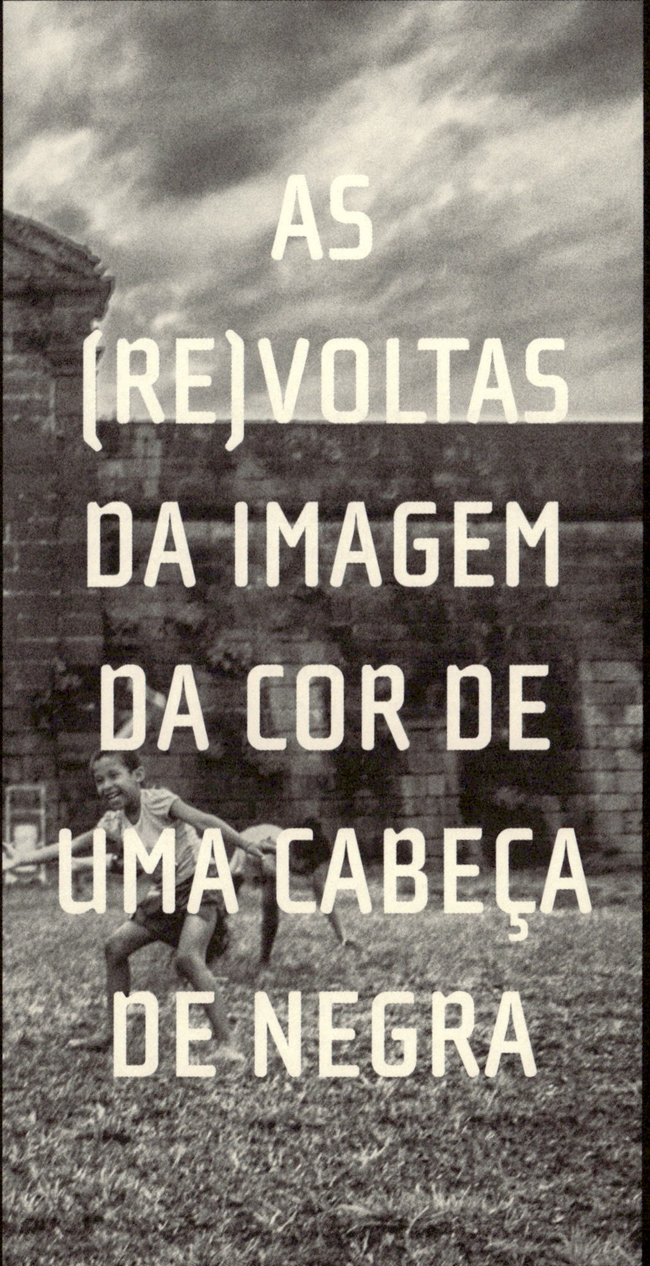

EXISTIR PELA IMAGEM?

Ao aproximar os sentidos da racionalidade humana, no atravessar da construção da nossa própria personalidade, percebemos, de alguma forma, a necessidade de "existir pela imagem". No entanto, nem todos os corpos-imagens têm o privilégio de construir e oferecer a versão da persona que produziram. Os corpos negros nunca deixaram de constituir e difundir a sua personalidade. Pelo contrário, além da criação e difusão de suas versões, precisaram aprender a resistir diante das tantas violações e expropriações de suas produções.

FOTOGRAFAR COM O IMAGINÁRIO?

Fotografar com o imaginário é parte da nossa criação e orientação como sujeitos no mundo. O imaginário nunca deixou de ser parte da materialidade humana, pelo fato de criar camadas profundas e também superficiais. A camada profunda da imagem é a própria existência, e a camada superficial é o estigma.

IMAGEM-CAPITAL?

O estigma tem sido um dinamizador importante do capital. Uma moeda valiosa no atravessar dos corpos em um mundo de trocas desiguais. “Existir pela imagem” para um corpo negro é o exercício mais impulsivo de uma cabeça que se percebe dependente do olhar do outro, querendo ou não. Tudo parte de uma engrenagem produtiva do campo da desvantagem. O estigma da pele escura é o controle do lucro da produção.

IMAGEM-VITAL

É nesse aspecto que surge a ideia da “imagem vital”, ao perceber o vínculo de co-dependência da branquitude com o estigma da imagem da pele negra. Assim, notamos o produto da distinção. A manutenção dos estigmas eurocêntricos é o referencial que afeta a minha “imagem vital”. Isto é, a minha qualidade de existir pela imagem. Ou seja, a minha qualidade de vida.

A IMAGEM QUE CHEGA ANTES

A pele escura, enquanto alvo, afeta sobretudo a imagem pelo lado de dentro, isto é, em sua existência, com toda a criação e manifestação individual rendida e, inclusive, cedida ao que vem do lado de fora: o estigma. A desumanização do corpo negro se deu por meio da troca da personalidade da pessoa por sua pré-condição estigmatizada. Ou seja, a superficialidade toma conta dos laços profundos do sujeito, com sua imagem chegando antes de si mesmo.

CORPO-CABEÇA

Ao não expressarmos a personalidade, diante das barreiras que nos são colocadas, surge o processo de desarticulação entre a cabeça e o corpo. É importante ressaltar as diferenças entre as gerações neste movimento. Até a década de 1990, a dificuldade de articulação era outra. Eu sou fruto de uma geração nascida na década de 1980. É importante nos localizarmos no tempo. À época, éramos invadidos com muito mais força pelo olhar da branquitude. Toda a desarticulação corpo-cabeça girava em torno da cultura do utilitarismo e da produtividade daquele período, em que a mentalidade social era muito mais afetada pelo racismo, mais o tabu que existia naquele período, inclusive dentro da minha família. Em casa, éramos ensinados a aceitar os impactos da nossa cor e incentivados a lidar, da melhor forma possível, com tudo aquilo que nos registravam cotidianamente à flor da pele.

O QUE FAZER COM O IMPULSO?

A desarticulação corpo-cabeça se dá exatamente quando o corpo quer uma coisa e a cabeça tenta balizar para criar "o melhor possível". A frustração é o produto interno bruto das reações retraídas, ou seja, dos impulsos cortados, da raiva empoçada nos cantos escuros de nossos desejos. A condição de existir à flor da pele é tão real quanto os lugares impostos aos corpos negros. Um fator espiral condicionado por um mecanismo repetitivo, que gera a mesma relação entre prisão e liberdade, iniciada na cabeça pelo imaginário social e desencadeada na economia dos corpos.

QUANDO O OLHO APONTA

Se entender como negro perpassa o ato de um posicionamento tomado de forma unilateral, como se auto-reconhecer. Ainda é um apontamento social diante dos lugares de sempre, resguardados pelos covis da história.

PELE-OPERACIONAL

A pressão sobre a pele acontece no módulo operacional da economia. A fotografia, sob este aspecto, é um símbolo operacional, que realiza seu papel na linha imaginária de compreensão dos lugares, sob o valor do fenótipo, que ainda habita com força o imaginário social. Nos tempos de hoje, somos mais livres para pensar a dimensão do corpo negro, ainda que aprisionados nos incalculáveis compartimentos do imaginário social e da produção capitalista.

DESPRENDER DA IMAGEM? DESAPRENDER A IMAGEM, APRENDER IMAGENS

Eis que surge a grande questão. Como fazer valer a minha "Imagem Vital" diante de tudo aquilo que me assombra do lado de fora e do lado de dentro dessas camadas construídas ao longo da história? Sair de casa sem me perceber apontada por determinados olhares seria um início. A ideia de se entender negra é uma construção que deveria ter por base a afirmação de uma cultura que é diferente da construção visual de uma sociedade preconceituosa. Me desprender dessas imagens que cotidianamente se afixam ao meu corpo é uma tarefa complexa.

Pensar em ser uma pessoa, em vez de uma cor, é também uma tarefa que persigo dentro da minha própria relação individual (cabeça-corpo). No entanto, entender a importância de afirmar a cor nesta etapa da luta racial é um movimento bastante inclusivo da minha própria imagem. A imagem é um sentido que me faz viver e morrer ao mesmo tempo. Conviver com essa relação, hoje, é um movimento coletivo de luta e de ressignificação das nossas próprias origens.

O desejo de me desprender da imagem cresce à medida que alcanço a compreensão do tamanho dos prejuízos causados à pele escura pela branquitude. A vontade de ser o que se é, ao invés de ser tomada pelas representações que nada têm a ver comigo, é o que motiva a minha insistência no mundo da imagem. Dizer sobre a imagem e suas relações é, de alguma forma, quebrar a força dos estigmas.

Cair no mundo da imagem foi um acréscimo na minha formação como economista. Organizar a minha própria casa, juntar a cabeça ao corpo e me sentir potente, mesmo diante dos mais hostis olhares. Ao chegar até aqui, percebo o grande feito daqueles que vieram antes de nós, exatamente por esses questionamentos que se tornam possíveis hoje, com a oportunidade de ressignificar todo um movimento histórico que ainda acontece. E isso perpassa por estas linhas, elucidando, sobretudo, o papel de cada um na criação de significados que nos tornem ainda mais responsáveis pelas imagens que vemos, lemos, ouvimos, imaginamos, criamos e difundimos.

AFETO É TEMPO
DESAFETO É PRESSA

FOTOGRAFIAS

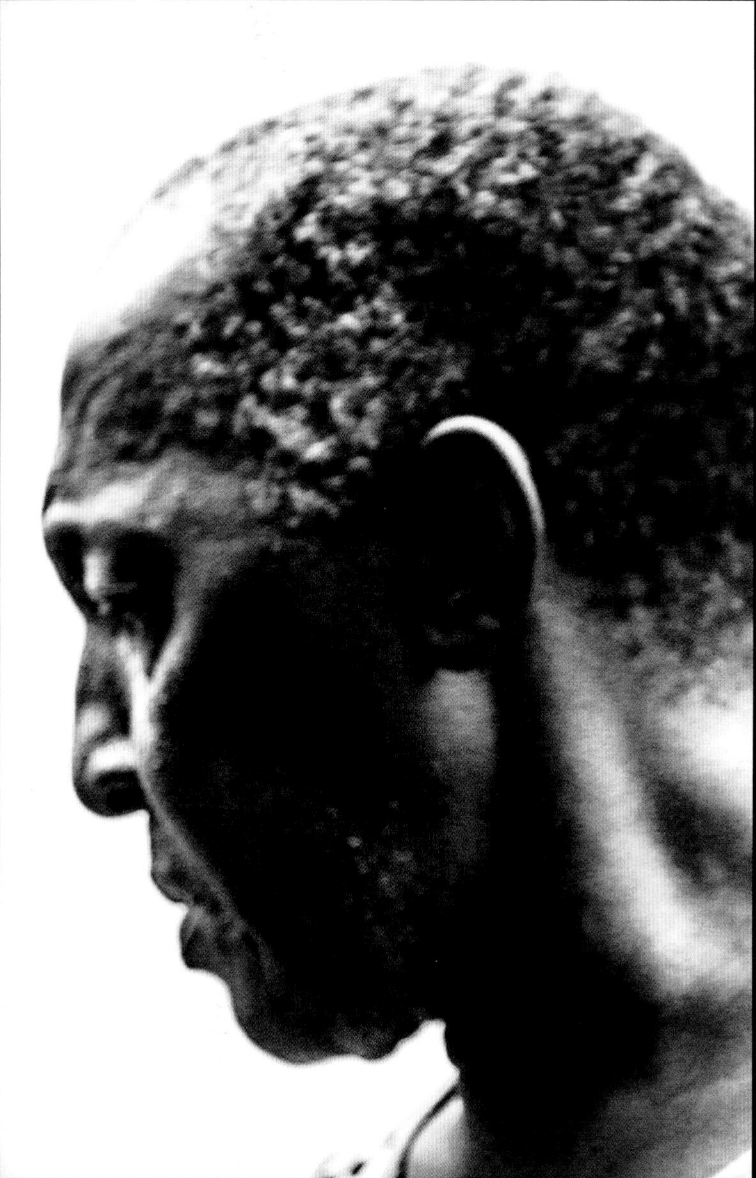

Cabeça de negro.
Jesuá Johnson.
Porto Velho-RO, 2014.

O mundo precisa de Socorro.
Dona Socorro.
Porto Velho-RO, 2016.

Chico Remeiro.
Festa do Divino.
Pimenteiras-RO, 2015.

A janela dos olhos de Catarina.
Quilombo de Pedras Negras, 2016.

Divino Procópio.
Pimenteiras-RO, 2015.

Resistência.
Quilombo de Vila Bela, 2015.

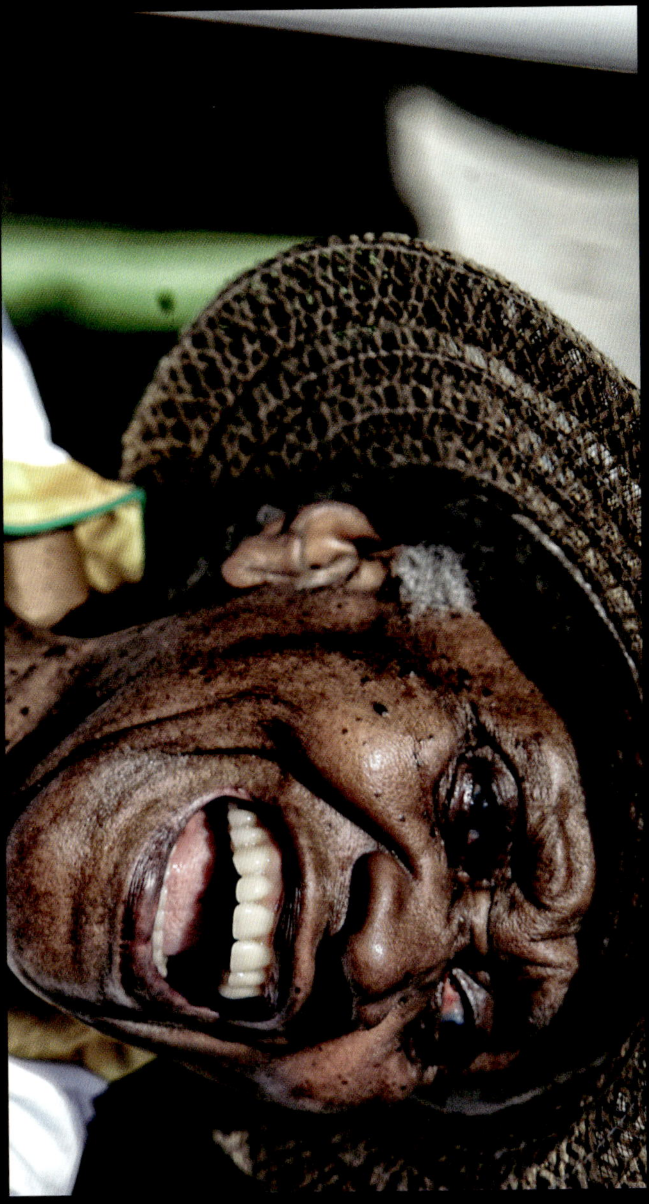

Geração Maloney.
Dona Ursula Maloney.
Porto Velho-RO, 2016.

Bubu Johnson.
Porto Velho-RO, 2015.

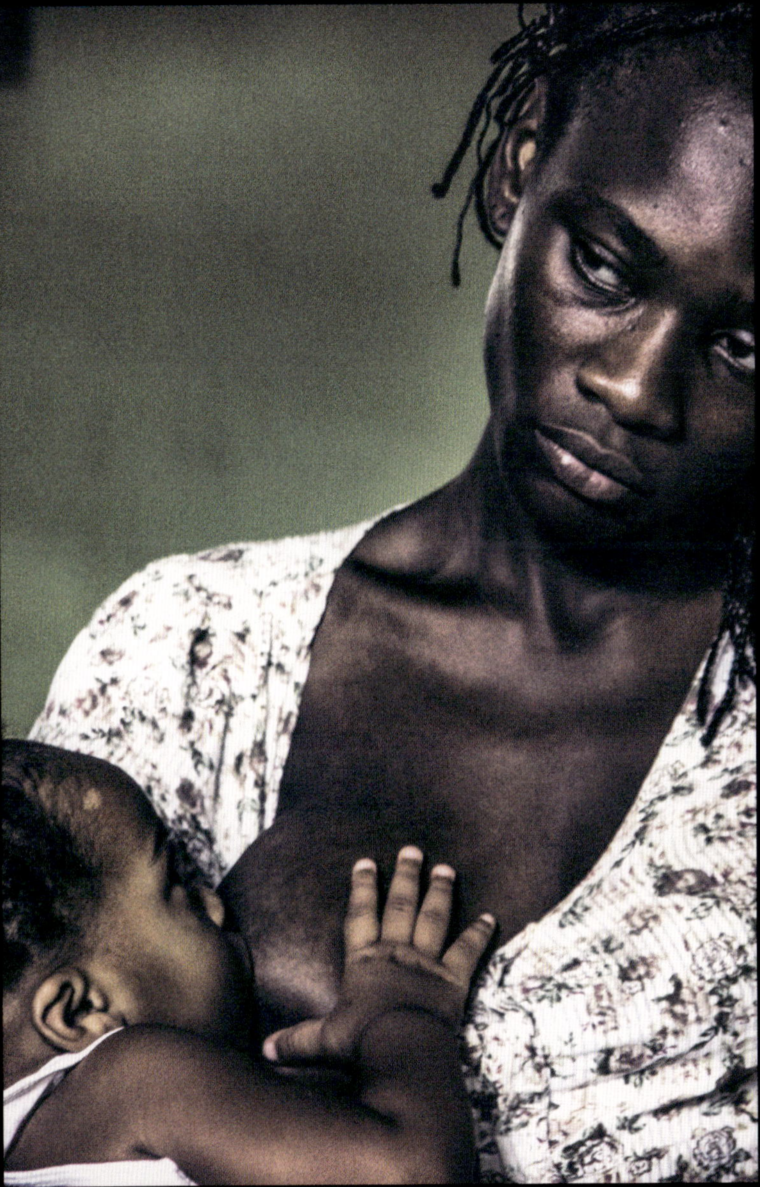

Madona Negra.
Porto Velho-RO, 2015.

Carol menina, apesar de mulher.
2016.

Passante.
Quilombo de Pedras Negras, 2015.

Nanã.
Porto Velho-RO, 2014.

Rezador.
Alta Floresta, 2016

Alquimia de Aniceta.
Quilombo de Pedras Negras, 2015.

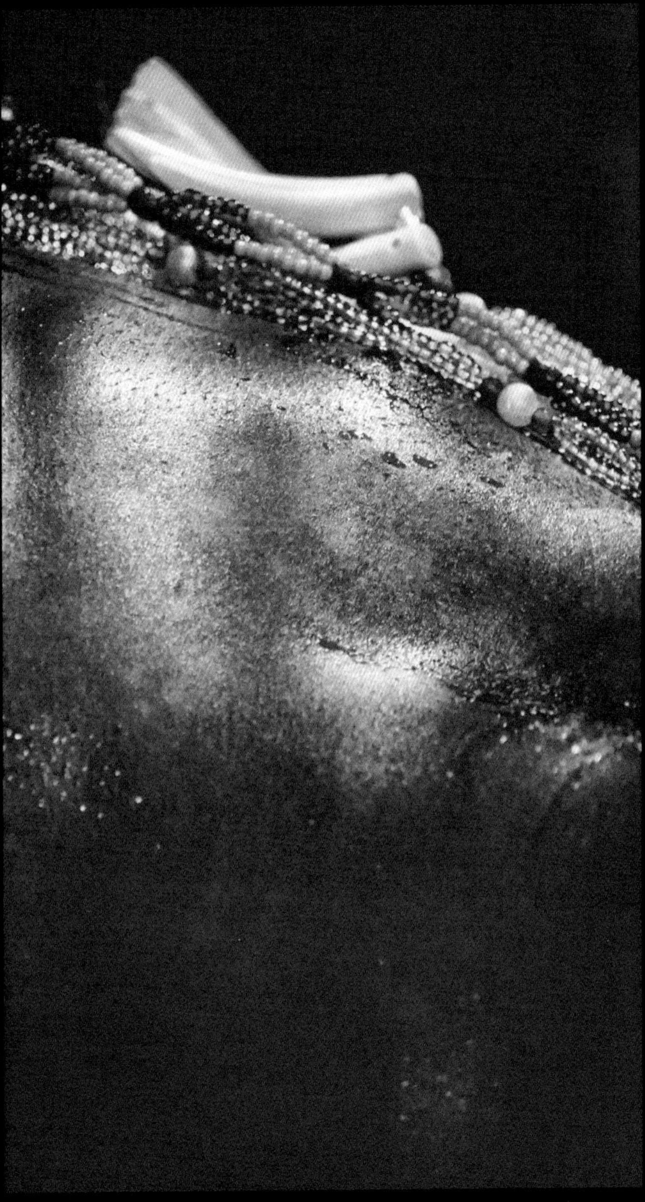

Corpo e Transe.
São Luís-MA, 2016

Manjar do Guaporé. Preparo do Tacajá.
Quilombo de Pedras Negras, 2016

Mãos são mãos. Fundo Natural.
Quilombo de Pedras Negras, 2012.

Negro Maranhão.
São Luís-MA.

Pés do Tempo.
Quilombo de Viola Bela-MT, 2017

Pés do Trabalho.
Jovem agricultor.
Linha rural de Cujubim, 2016.

Todos Divinos.
Passagem do Divino no
Quilombo de Pedras Negras, 2016.

Omulu.
Porto Velho-RO, 2013.

Menino água.
São Miguel do Vale do Guaporé, 2016.

Traçado.
Quilombo de Pedras Negras.

Traçado.
Quilombo de Pedras Negras.

Traçado.
Quilombo de Pedras Negras.

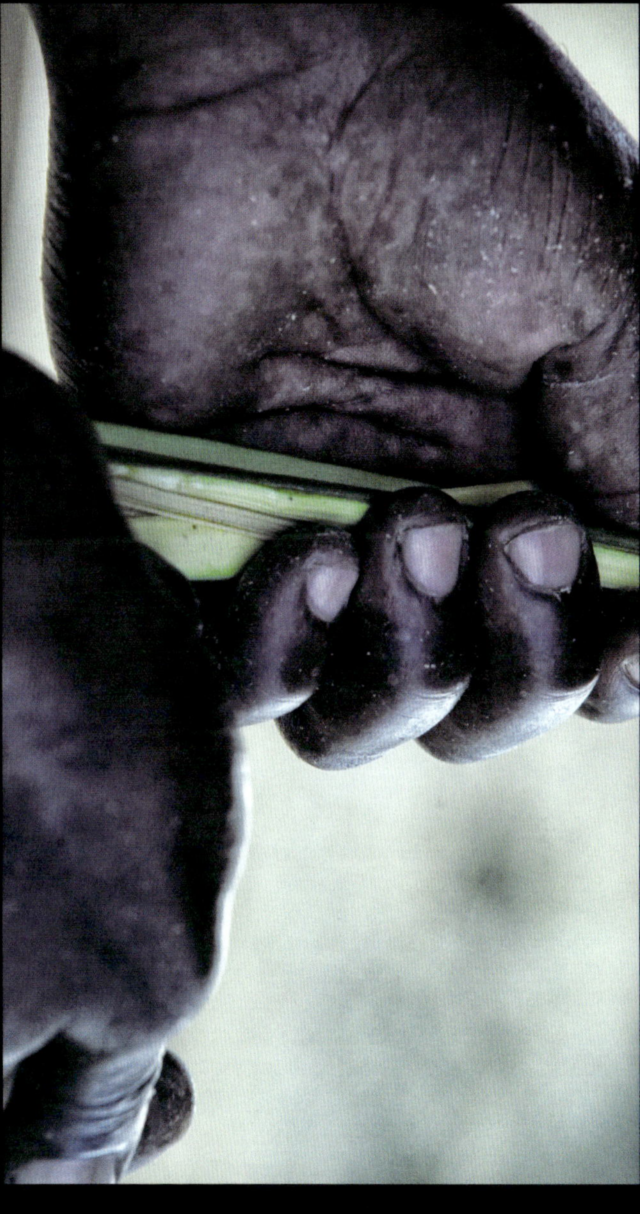

Traçado.
Quilombo de Pedras Negras.

Festa do Divino.
Porto Murtinho, 2016.

Casa de Sr. Venâncio.
Comunidade de Nazaré, Baixo Madeira, 2016.

Buritis.
Machadinho do Oeste, 2017.

A beleza do Guaporé.
Porto Murtinho, 2016.

Dados Internacionais de Catalogação na Publicação (CIP)
(Câmara Brasileira do Livro, SP, Brasil)

Bonfim, Marcela
Amazônia negra : as imagens da cor do (in)visível / Marcela Bonfim ; curadoria Lia Krucken. -- São Paulo : Igrá Kniga, 2025.

ISBN 978-65-997941-5-5

1. Amazônia - Aspectos sociais 2. Ancestralidade 3. Corpo e mente 4. Imagem 5. Memória 6. Negros - Brasil 7. Poesia brasileira I. Krucken, Lia. II. Título.

25-310150.0 CDD-B869

Índices para catálogo sistemático:

1. Literatura brasileira B869

Eliete Marques da Silva - Bibliotecária - CRB-8/9380

Este projeto foi fomentado pelo **PROGRAMA FUNARTE RETOMADA 2023 - ARTES VISUAIS**

REALIZAÇÃO

FUNDAÇÃO NACIONAL DE ARTES funarte 50 ANOS

MINISTÉRIO DA CULTURA

GOVERNO DO BRASIL DO LADO DO POVO BRASILEIRO